Katharina Daus

Abiturvorbereitung Sport (Hessen): Trainingslehre, Bewegungslehre, Sport und Gesellschaft

GRIN Verlag

Bibliografische Information der Deutschen Nationalbibliothek:

Die Deutsche Bibliothek verzeichnet diese Publikation in der Deutschen National-
bibliografie; detaillierte bibliografische Daten sind im Internet über http://dnb.d-
nb.de/ abrufbar.

Impressum:

Copyright © 2015 GRIN Verlag GmbH
Druck und Bindung: Books on Demand GmbH, Norderstedt Germany
ISBN: 978-3-656-91780-9

Dieses Buch bei GRIN:

http://www.grin.com/de/e-book/294125/abiturvorbereitung-sport-hessen-trainings-
lehre-bewegungslehre-sport

GRIN - Your knowledge has value

Der GRIN Verlag publiziert seit 1998 wissenschaftliche Arbeiten von Studenten, Hochschullehrern und anderen Akademikern als eBook und gedrucktes Buch. Die Verlagswebsite www.grin.com ist die ideale Plattform zur Veröffentlichung von Hausarbeiten, Abschlussarbeiten, wissenschaftlichen Aufsätzen, Dissertationen und Fachbüchern.

Besuchen Sie uns im Internet:

http://www.grin.com/

http://www.facebook.com/grincom

http://www.twitter.com/grin_com

Sport Abi

Katharina Daus

10. Mrz. 2015

Inhalt:

Trainingslehre

Allgemeine Gesetzmäßigkeiten des Trainings:

1. Qualitätsgesetz
   Spezifische Reize lösen spezifische Anpassungsreaktionen aus

2. Homöostase & Superkompensation
   Zwischen Belastungsanforderung & Leistungsniveau des Körpers besteht ein dynamisches Fließgleichgewicht. Durch Belastungsreiz entstehen Anpassungsvorgänge & das Leistungsniveau steigt über das Ausgangsniveau

3. Reizschwellengesetz
   Anpassungsreaktionen finden nur statt, wenn beim Training eine bestimmte Reizschwelle überschritten wird.

4. Verlauf der Leistungsentwicklung
   Mit zunehmendem Leistungsniveau wird der Leistungszuwachs immer geringer.

5. Anpassungsfestigkeit
   Langfristig aufgebautes Trainingsniveau ist stabiler als kurzfristiges

6. Trainierbarkeit & Leistungsfähigkeit
   Abhängig von Alter & Geschlecht

Trainingsprinzipien:

→ Praktisch orientierte Grundsätze zur Gestaltung eines Trainings

Prinzipien zur Auslösung einer Anpassung

1. Trainingswirksamer Reiz
2. Progressive Belastung
3. Optimale Relation von Belastung & Erholung
4. Unvollständige Erholung
5. Wechselnde Belastung

Prinzipien zur Steuerung einer Anpassung

1. Richtige Belastungszusammensetzung
2. Optimale Relation von allgemeiner & spezieller Ausbildung
3. Individualität & Entwicklungsgemäßheit

Prinzipien zur Festigung einer Anpassung

1. Langfristiger Trainingsaufbau
2. Periodisierung

Ausdauer

Physische & psychische Widerstandsfähigkeit bei langanhaltender Belastung & rasche Regeneration nach der Belastung.

Leistungsbestimmende Faktoren:

- Energiegewinnung in der Muskelzelle
- Gasaustausch, Maximale Sauerstoffaufnahmekapazität
- Förderleistung Herz
- Transport- & Pufferkapazität Blut
- Durchblutung der Muskulatur (Kapillarisierung)

Wirkung von Ausdauertraining:

- Steigerung der lokalen Muskeldurchblutung (bis um das 20-fache)
- Bessere Ausnutzung der Transport & Pufferkapazität im Blut
- Verbesserung des Gasaustausches in der Lunge
- Vergrößerung der Energiespeicher
- Verbesserte Enzymaktivität
- Kapillarisierung & Herzvergrößerung
- Zunahme des Blutvolumens

Ausdauerfähigkeiten:

- KZA, MZA, LZA
- Lokale Ausdauer
- Spezielle Ausdauer
- Grundlagenausdauer
- Allgemeine aerobe Ausdauer
- Allgemeine anaerobe Ausdauer
- Azyklische Spielausdauer

Trainingsformen:

1. Dauermethode

extensiv	intensiv
Aerobe Schwelle	Aerob-Anaerober Übergangsbereich
60 – 80 % der Bestleistung	80 – 90 % der Bestleistung
80 min – 2 Std	30 – 60 min
Aerobe Energiegewinnung aus Fetten	Aerobe Energiegewinnung aus Kohlenhydraten

2. Intervallmethode

extensiv	Intensiv
Intensität: 60- 80 % der Bestzeit	Intensität: 80 – 90 % der Bestzeit
Dauer: 1 – 3 min	Dauer: 14 sec – 4 min
Umfang: 4 – 20	Umfang: 3 – 12
Pause: 1/3 Erholung	Pause: 2/3 Erholung
Aerobe Energiegewinnung	Anaerob-laktazide Energiegewinnung

3. Wiederholungsmethode

Intensität: 100 % oder mehr der Bestzeit
Dauer: bis 15 sec / 30 – 60 sec / 2 – 10 min / über 10 min
Umfang: 2 – 6 Wiederholungen
Pause: vollständige Erholung
Anaerob-alaktazid + laktazid, aerob aus Kohlenhydraten + Fetten

Kraft

Fähigkeit des Nerv-Muskel-Systems, Widerstände zu überwinden, ihnen entgegen zu wirken oder zu halten.

Maximalkraft

Größtmögliche Kraft die willkürlich ausgeübt werden kann.

Leistungsbestimmende Faktoren:

- Energiereiche Phosphate
- Muskelquerschnitt
- Intramuskuläre Koordination
- Intermuskuläre Koordination
- Motivation
- Anthropologische Merkmale

Trainingsformen:

- Hypertrophie-Training
  (60-80 % Intensität, 6-10 Wiederholungen, 6-8 Serien, 2-4 min Pause, langsame Ausführung)
- IK-Training
  (80-90 % Intensität, 3-6 Wiederholungen, 6-8 Serien, 3-5 min Pause, explosive Ausführung)
- Pyramidentraining
  (60-80 % Intensität, 1-8 Wiederholungen, 5-10 min Pause, langsame/zügige/explosive Ausführung)

Schnellkraft:

Fähigkeit, den eigenen Körper / Gegenstände in kurzer Zeit mit hoher Geschwindigkeit zu bewegen.

Leistungsbestimmende Faktoren:

- Alle Faktoren der Maximalkraft
- Muskelfaserstruktur
- Körpertemperatur, Muskelvorspannung

Trainingsformen:

- Explosiv-reaktives Schnellkrafttraining
  (100 % Intensität, 6-10 Wiederholungen, 3-6 Serien, 2-5 min Pause, schnellkräftige Ausführung)

4

Kraftausdauer:

Ermüdungswiderstandsfähigkeit bei langanhaltenden Krafteinsätzen mit anaerob-laktazider Energiebereitstellung.

Leistungsbestimmende Faktoren:

- Faktoren der Maximal- & Schnellkraft
- Anaerobe Kapazität

Trainingsformen:

- Allgemeines Kraftausdauertraining als Circuittraining
  (20-50 % Intensität, 6-12 Stationen, 30-40 sec Belastungszeit, 40-80 sec lohnende Pause, 2-6 Rundgänge)

Bewegungslehre

Betrachtungsweisen einer Bewegung:

- Biomechanisch
- Funktionell
- Physiologisch-anatomisch
- Psychologisch
- Soziokulturell
- Morphologisch

Morphologische Betrachtungsweise = unmittelbare Wahrnehmung von Aspekten einer Bewegung, Gesamteindruck wird durch Beobachter betrachtet, Betrachtung ist ganzheitlich

Beobachtungskriterien (morphologische Bewegungsbeschreibung):

- Bewegungsumfang
- Bewegungstempo
- Bewegungsrhythmus
- Bewegungsstärke
- Bewegungskopplung
- Bewegungsfluss
- Bewegungspräzision
- Bewegungskonstanz
- Bewegungsharmonie

Biomechanische Prinzipien:

1. Prinzip der optimalen Anfangskraft
2. Prinzip der Gegenwirkung
3. Prinzip des optimalen Beschleunigungsverlaufes /-weges
4. Prinzip der optimalen Koordination der Teilimpulse
5. Prinzip der Impulserhaltung /-übertragung

Phasenanalyse nach Meinel/Schnabel:

1. Vorbereitungsphase
   Schaffung bestmöglicher Voraussetzungen für eine Leistungsoptimierung in der Hauptphase
   Anlauf-/Angleit-/Ausholbewegung

2. Hauptphase
   Eigentliche Leistungsbewegung
   Wurf/Stoß/Sprung/Schlag

3. Endphase
   Ausklingen/Ausschwingen einer Bewegung & Wiedererlangung des Gleichgewichts

Mechanik:

a) Kinematik:
   - Translation (fortlaufende Bewegung)
   - Rotation (rotierende Bewegung)

b) Dynamik:
   - Statik (ruhende Kräfte, Kräftegleichgewicht)
   - Kinetik (Kräfte die zur Ortsveränderung führen)

Bewegungshandlung:

= Bewusst, zielgerichtet, strukturiert, erwartungsgesteuert, zeitlich & inhaltlich strukturiert

Aufbau:
1. Antriebsteil
   Leistungsstreben, Erfolgsaussicht, Motivation, Aggression, Angst, etc.
2. Orientierungsteil
   Individuelle Erfahrung, Selbsteinschätzung, Bewertung des Leistungsniveaus, Planung einer situativ optimal angepassten Bewegung
3. Entscheidungsteil
   Handlungsalternativen werden ab gewägt & die beste zum Erreichen des Zieles ausgesucht
4. Ausführungsteil
   Handlungsalternative wird in die Tat umgesetzt
5. Ergebnisteil
   Finale Analyse & Bewertung der Bewegungshandlung

Eigenanalyse einer Bewegung:

Fühler kontrollieren vollzogene Bewegung für innere & äußere Bewegungsanalyse, übermitteln Ist-Wert an ZNS → ZNS passt Ist-Wert dem Soll-Wert an
Analysatoren:
- Kinästhetisch (Muskelspindel)
- Verbal (Hörorgan)
- Visuell (Augen)
- Taktil (Haut)
- Vestibulär (Gleichgewicht)

Fremdanalyse:

Bewegung wird von außen durch Trainer/Betreuer analysiert
Rückkopplug erfolgt verbal, demonstrativ, taktil

Motorisches Lernen:
Lernen = individuelle/kollektive Anpassung des Verhaltens an die jeweiligen Lebens- bzw. Umweltbedingungen

Phasen motorischen Lernens:
1. Phase der Grobkoordination
2. Phase der Feinkoordination
3. Phase der Stabilisierung & Vervollkommnung der Feinkoordination sowie der Entwicklung der variablen Verfügbarkeit

Lehrmethoden:
1. Ganzheitsmethode
2. Zergliederungsmethode
3. Programmierter Unterricht
4. Deduktive Lehrmethode
5. Induktive Lehrmethode
6. Mentales Training

Sport & Gesellschaft:

Bedeutung des Sports:

- Politisch: Völkerverständigung, politische Entspannung, Abbau von Vorurteilen
- Wirtschaftlich: Sportindustrie/-tourismus, Kommerzialisierung des Sports
- Gesundheitlich: Ausgleich von Bewegungsmangel, Prävention, Rehabilitation
- Sozial: Kooperations-, Team-, Leitungsfähigkeit
- Pädagogisch-psychologisch: Steigerung Selbstwertgefühl, Aggressionsabbau, Positiver Umgang mit (Miss-)Erfolg

Aggression & Gewalt im Sport:

Frustration = Gefühl/Zustand tritt nach einem Misserfolg auf/wenn Ziel nicht erreicht wird
Aggression = Verhalten, das auf Schädigung ausgerichtet ist
Gewalt = extreme Form von Aggression

1. Explizite Aggression:
   Explizite personale Schädigung eines Sportlers/Gegenspielers/Schiedsrichters
   Aggression als Folge einer Konfliktsituation

2. Instrumentelle Aggression:
   Ziel ist eine Leistungsverbesserung, wobei die Schädigung des Gegners zu Gunsten des Leistungsziels in Kauf genommen wird

3. Frustrationsaggression:
   Aggression als Folge einer Frustration/Enttäuschung

4. Weitere Formen: Autoaggression, verbale, körperliche, symbolische Aggression

Fairplay:

Haltung, Achtung & Wahrung des Respekts vor dem sportlichen Gegner, geht über bloße Einhaltung der Regeln hinaus

1. Formelles (regelkonformes) Fair Play:
   Anerkennung & Einhaltung der Wettkampfregeln
2. Informelles Fair Play
   Einhaltung von gesellschaftlichen Werten & Normen

Fair Play Werte:

- Ehrlichkeit
- Wahrung des Sinns des Sports/Chancengleichheit
- Akzeptanz von Schiedsrichterentscheidungen
- Achtung des Gegners als Person
- Ethnische & moralische Grundeinstellung
- Konsequentes & bewusstes Beachten formeller & informeller Regeln

<u>Sport & Politik:</u>

„Sport kann sich nicht von der gesellschaftlichen Entwicklung abkoppeln"

- Gewalt, Hass, Rassismus & Unterdrückung wird auf Sportler/Spielfeld übertragen
- Politisierung & Instrumentalisierung des Sports → Wertewandel
- Sport kann Menschen verbinden, egal welcher Herkunft/Religion
- Sport könnte bessere Diplomatie leisten als Politik (Ping-Pong-Diplomatie, Cricket-Diplomatie)

Wie sich der Sport von einer Instrumentalisierung lösen kann:

- Lösung des Sports von der Politik
  Gefahr einer Instrumentalisierung des Sports durch Politik & radikale Gruppierungen, die Aufmerksamkeit als Bühne zur Verbreitung ihrer Ideologien/Auffassungen nutzen
- Sport kann sich nicht von der gesellschaftlichen Entwicklung abkoppeln
  Durch die Ausübung von Anschlägen auf Sportler/ bei sportlichen Großveranstaltungen verlagert sich das gesellschaftliche Anliegen einer gewaltsamen Konfliktaustragung auf die Ebene des Sports
- Sportliche Leistung muss wieder in den Vordergrund gerückt werden
  Der Sport wird stranguliert/missbraucht

Wertewandel im Sport:

Leistungssport	Breitensport
Instrumentalisierung	Individualisierung
Medienpräsenz	Nachlassende Bereitschaft für langfristige Bindung an Verein
Kommerzialisierung	Eingeschränkte Flexibilität (schulisch & beruflich)
Eventcharakter	Abspaltung von Trendsportarten (Parcours, Zumba, ...)
Technisierung	Wellness & Gesundheitsgedanke im Vordergrund
Abhängigkeit des Sportlers/Profit	
Kriminalisierung: Doping & Wetten	

Gesundheitssport:

Enges Gesundheitsverständnis: Freisein von Krankheiten
Erweitertes Gesundheitsverständnis: physisches, psychisches & soziales Wohlbefinden

Risikofaktorenmodell:

- Gesundheit im engeren Sinn → es gibt 2 sich ausschließende Zustände: Gesund/Krank
- Als Maß für den Zustand werden objektiv messbare Größen (Laborwerte) herangezogen
- Risikofaktoren, die Krankheit fördern: Bewegungsmangel, Bluthochdruck, Übergewicht, Rauchen, Stress, erbliche Belastung, etc.
- Ziel: Präventionsmaßnahmen zur Erkennung/Vermeidung von Krankheitsursachen
- Kritik: psychische/subjektive Empfindungen werden nicht berücksichtigt

Salutogenese-Modell:

- Erweiterter Gesundheitsbegriff: ganzheitliche Betrachtung des Menschen
- Es ist weder völlige Gesundheit noch Krankheit erreichbar
- Stressoren = stören das Gleichgewicht einer Person & sind möglicherweise krankmachende Risikofaktoren
- Widerstandsressourcen: bewältigen Stressoren & sind gesundheitliche Schutzfaktoren
- Kohärenzgefühl: Grundeinstellung, die Welt als zusammenhängend & sinnvoll anzusehen (Individuum = positives Selbstwertgefühl)
  Basiert auf drei Ebenen: Verstehbarkeit, Handhabbarkeit, Sinnhaftigkeit

Gesundes Ausdauertraining:

- Training der allgemeine aerobe Ausdauer (Grundlagenausdauer 1) im Fettstoffwechselbereich
- Dauermethode: schonend & wirksam

Minimalprogramm stellt untere Belastungsgrenze dar, die notwendig ist, um bei Untrainierten trainingswirksame Reize & gesundheitliche Effekte auszulösen. Die obere Grenze wird durch das Optimalprogramm gekennzeichnet.

Doping:

= verbotene Methoden, Medikamente, Aufputschmittel, etc. die Leistungen ermöglichen, die jenseits natürlichen Möglichkeiten liegen

Akteure:

- Athleten
- Trainer
- Sportfunktionäre
- Ärzte/Apotheker
- Manager

Gründe für Dopingkonsum:

Interne Gründe =

- Idol werden
- Körperliche Nachteile ausgleichen
- Stressabbau
- Depressionen kompensieren
- Finanzieller Anreiz

Externe Gründe:

- Publikum: Faszination Wettkampf, Verehrung der Sieger, Missachtung der Verlierer
- Massenmedien: hoher Neuigkeitswert, Verlierer können kritisiert werden
- Politik & Wirtschaft: Werbemittel, Absatzmarkt
- ➔ Druck auf die Sportler

Leistungssport wurde totalisiert, der Erfolgsdruck eskaliert, es kommt zur Überforderung von Körper & Geist. Legale Innovationen bringen allein keine Fortschrittmöglichkeiten

Quellen:

- Dr. Karl Friedmann: „Trainingslehre", veröffentlicht 2009, Promos Verlag

- Mühlfriedel: „Trainingslehre", veröffentlicht 1994, Diesterweg Verlag

- A. Weineck, j. Weineck, K. Watzinger: „Leistungskurs Sport, Band 3, Bewegungswissenschaftliche und gesellschaftspolitische Grundlagen", veröffentlicht 2010, Verlag SüdostGmbH

- Hofmann und Schorndorf: „Sporttheorie in der gymnasialen Oberstufe", veröffentlicht 1980, Verlag Hofmann